JN411473

꽃처럼 예쁘게 영원 속으로

장 봉 화 시조집

시와사람

장봉화 시조집
꽃처럼 예쁘게 영원 속으로

2023년 10월 11일 인쇄
2023년 10월 15일 발행

지은이 | 장 봉 화
펴낸이 | 강 경 호
인쇄·기획 | 도서출판 시와사람
등 록 | 1994년 6월 10일 제 05-01-0155호
주 소 | 광주시 동구 양림로119번길 21-1(학동)
전 화 | (062)224-5319
팩 스 | (062)225-5319
E-mail | jcapoet@hanmail.net

ISBN 978-89-5665-694-6 03810

값 10,000원

* 이 책은 동화건업((주) 대표 김기동)의 기부금과 광주문화재단
기부금 매칭 지원금으로 발간되었으며
판매액 전액을 천주교 광주대교구 사회복지회를 통하여
가난한 사람들을 위하여 쓰입니다.

꽃처럼 예쁘게 영원 속으로

시인의 말

자연이 깎고 깎아 다듬은 경외로움
노송이 외롭지만 슬프지 않은 것은
당당한
세월의 향기 때문이라 하지요

멈추어 있을 때는 보이기 시작하고
흐린 물 스스로를 돌아볼 시간 주니
물의 힘
일렁거리는 찬란한 빛 느낀다

할비가 되었다고
서글픈 일 아니고
노익장 환상에다
집착을 말지어니
자연의
순리 따르는 현명하게 대처를

장봉화

차례

1 소유에 집착 말고

2 따순 밥 한술

3 야생화의 향연

4 꽃처럼 예쁘게 영원 속으로

1

소유에 집착 말고

무엇이 있을는지
죽음이 두려운가
그대로 사라질까 영원한 이별일까
영혼이 맑지 않으면 없는 걱정 만들지

소유에 집착 말고
온전함 구하리니
떠돌며 수행하는 운수雲水에 길이 있다
깨달아 고집멸도苦集滅道에 들어서고 싶구나

세월의 향기

여든이 눈앞인데 작가라 불러주네
오늘도 내일 향한 기틀을 마련하니
희망을 등불로 삼아 즐기면서 나간다

자연이 깎고 깎아 다듬은 경외로움
노송이 외롭지만 슬프지 않은 것은
당당한 세월의 향기 때문이라 하지요

장구한 빙하기에 생물이 존재했고
중생이 억만 겁의 세월을 오갔어도
태양은 누리를 밝게 비춰주고 있어요

시 쓰는 어제오늘 세월이 흘러가네
산과 강 천만세에 보듬고 나아가니
연치年齒가 쌓여갈수록 고개 숙여 살기를

소유에 집착 말고

직에서 은퇴하니
몸과 맘 가벼웁다
부귀에 목숨 걸면 평안할 수 있을까
자연에 참이 있음을 뼛속 깊이 알았네

지순한 사랑이고
생활의 향연이다
휴식을 즐기면서 잡혀선 아니 된다
과거를 좇으려 말고 현재에서 찾아라

언젠가 한 주먹의
흙으로 돌아가리
탐욕을 버리려면 마음 빌 일이더라
당연한 이치이거늘 무엇에게 홀렸나

무엇이 있을는지
죽음이 두려운가
그대로 사라질까 영원한 이별일까
영혼이 맑지 않으면 없는 걱정 만들지

소유에 집착 말고
온전함 갈구하라
떠돌며 수행하는 운수雲水에 길이 있다
깨달아 고집멸도苦集滅道에 들어서고 싶구나

사랑을 선택하려네

밝은 것 보면서만 살아야 하겠다고
긍정적 감정만을
고집할 수 있지만

오로지 죽은 사람만 스트레스 없어요

빛에도 어둠 있고 태산엔 골이 깊어
장점은 단점 되고
약점도 강점된다

완벽한 사람은 없고 가까이서 상처를

좋은 것 아니듯이 나쁜 것 아니라네
큰 것도 없으면서
작은 것 없을지니

미추美醜를 차별 안 하는 바다처럼 되어라

해맑은 미소 속에 그늘을 놓지 않고
기대가 꺾어져도
희망을 붙잡는다

사랑을 선택하려네 취사선택 멈추리

지성의 상속

인간의 유산 중에
오래된 물건이요
사용할 문화유산
책이란 것이니까

선인의 발자취들이 고스란히 새겼네

지나온 흔적들을
더듬고 비춰 보고
나아갈 나침반을
그리곤 하면서도

골라서 전해주려고 독서삼매 빠진다

그러한 흐름 속에
깊어져 성숙한다
우리는 그 어떠한
지성을 상속했나

옛것을 잘 익힌 후에 더 새로운 맛과 멋

BOTANICAL
ILLUSTRATION
NATURA
BOOK

행복하니 웃음뿐

-행복한 여성 화물차 기사

가족의 삶의 질을 제일의 가치로써
벽 없이 나아가며 소신껏 사는 사람
최유경 여성 화물차 기사님이 주인공

평일엔 사남매의 엄마로 역할 거뜬
주말엔 친어머니 횟집서 장사 돕고
일손이 급하단 지인 연락받고 달려요

남편의 만류에도 책임을 나눠지고
배달만 아니라오 하역과 정리까지
지게차 운전은 물론 불가능은 없어요

중학 때 처음으로 운동을 시작하여
제대한 희균 씨가 미용실 손님으로
상대가 되어 주다가 남편으로 인연이

날마다 시끌벅적 조용할 날이 없고
어쩔 줄 모르고서 쩔쩔맨 적 있지만
이 순간 가장 행복한 시간이니 웃음뿐

상 받을 어머니

배 속에 움직이는
생명을 어찌하나
책임져 출산하고
기르게 되었어요

앞날이 보이지 않아도 사랑으로 키우네

인종과 정치문제
이념과 종교에다
소수에 가해지는
혐오와 언어폭력

비난과 혐오의 세상 낮은 곳을 허물리

무분별 신상 털기
추측성 보도들은
철없는 자녀에게
주홍 글씨 새겼어요

그녀는 상 받아야 할 아름다운 어머니

불꽃 같은 양심수

노동자 만나서는 짐 지고 일하면서
노동법 노동운동 열렬히 연구하다

위수령 발동되면서 강제징집 당했네

두 달간 기술자의 고문을 당하였고
무기형 선고받아 칠년 여 복역하니

세계의 양심수여라, 불꽃같이 사신 분

일하라 노동일보 창간한 인간주의
현장에 답을 찾던 그분은 이태복 님

윤상원 기념사업을 하신 분이 그리워

시대의 스승

- 송기숙 선생

이상李相 설說 추천되어
문단에 등단하여
전봉준 암태도에 은내골 오월 미소
민중의 푸른 결기를 작품 안에 그리다

팔십 년 오월에
수습위 활동하다
내란죄 명목으로 또 다시 복역하고
굵직한 역사소설로 한 시대를 사셨네

퍼렇게 날이 선
유신체제 시절에
우리의 교육지표 발표해 옥고 치른
시대의 스승이시니 얼을 이어 전하리

영원 생명 누리소서

- 이광영 스님이여

계엄군 총에 맞은 부상자 옮기던 중
정조준 그 총에서 등을 관통당했네
수뇌가 사망한 그 날 고향에서 귀천했네

통증에 시달려도 원한도 없으려니
서운함 묻고 가네 마음은 홀가분해
오래 전 생각한 각오 내가 지고 떠나네

허리에 총상으로 잠자는 밤이 길어
삼십 분 주기 통증 편한 삶 멀리 갔네
신선이 되시옵소서 영원 생명 누리소서

노나메기 벗나래*

- 백기완 선생

힘들고 외로우며
절박할 때 오셔서
노동자 뭉쳐야만
이길 수 있으리라
단결해 꼭 지금처럼 싸워하여 이기자

불호령 육성으로
거리의 노동자들
어깨를 같이 하던
그 모습 떠올리며
선생의 가르침 받아 긴 싸움을 버텼네

너와 나 일을 하고
우리들 일을 하고
모두가 올바르게
살자는 가르침을
현실로 만들어야죠 노나메기 나래를

* 너도 일하고 나도 일하고 너도 잘 살고 나도 잘 살되,
올바로 잘 사는 그런 세상을 뜻한다.

세월

흐르고 흘러 가도 없음이 아니 되니
흙물은 떠내려가 삼각주 만든단다
모난 돌
둥글게 하고
바위 깨져 돌 되네

강물이 움직여야 농토가 비옥하듯
세월도 마찬가지 세상사 다 그런 것
눈매는
인자로워라
빳빳한 목 여리게

연치가 쌓인다고 슬퍼할 일 아니다
잡을 것 아니라오 놓아야 하느니라
세월이
흘러가는 건
잃지 않고 얻는다

산사에서

산사에 은둔하여
부처를 그려보네

인연은 인연 낳고
깨달음 깨달으니

이제는 속세의 연을
끊어버려 열반을

이 사진 보시고요
이분을 아시나요

그분은 바로 전에
이곳을 떠났지요

속세의 연이 다 했다
하더이다 가시오

현대인의 과제

정연한 차례 속에
난삽한 무질서가
자연의 경계이니 재미가 넘쳐나네
조화와 섞임 사이에 대혼돈*의 모서리

물질의 안과 밖은
끝없는 상호작용
무한의 피드백이 서로를 변화시켜
새로움 탄생시키는 새 공간이 되지요

진행은 정상상태
결국엔 깨지느니
모네는 그림에서 케이지 음악에서
새롭게 먼저 깨뜨려 나아갔다 하네요

불안의 모서리에
기꺼이 올라가나
존재가 불가능한 허상을 부여잡나
질문에 대답하는 것 현대인의 과제라

* 물리학자 노먼 패커드(Norman Packard·1954~)의 이론. 자연계 뿐만 아니라 사람, 생물체, 사회도 같은 성질을 지니는 복합적응계라는 연구

자연의 순리

나이가 먹을수록
강건히 정정하고
나무나 바위들이
높게도 우뚝하다
시야가 열려 있으니 넉넉하게 비워야

정자에 앉으면은
자연에 동화된다
물처럼 억만 겁의
세월에 함께 흘러
광활한 우주 안에서 시공간을 건너네

할비가 되었다고
서글픈 일 아니고
노익장 환상에서
집착을 말 것이니
자연의 순리 따르는 현명하게 대처를

전옥주 열사의 한 마디

도망 중 청년들을 곤봉 쳐 두들기고
구령에 맞추어서 앉았다 서게 하고
동물을 사냥하듯이 민간 상대 총질에

사람들 강물 속에 굽이쳐 넘실대니
슬픔의 파도여라 자운영 빛이어라
외침은 서슬프도록 부엉이의 피울음

진압 전 바로 그날 모란꽃 되었으니
점퍼 옷 깎은 머리 파놓은 함정에서
병신이 되어버렸죠 여성으로 기능이

진실을 알리겠다 오로지 일념 하나
온 가지 협박에도 굴하지 않았으니
나라는 국민들에게 그 어떠한 존잰가

수평선

널따란 큰 바다와
수평선 내게 온다
끝 없는 잔물결이 손짓 쳐 말을 한다
마음의 상처들이랑 내 품안에 던져라

갈매기 날아올라
큰 세상 유랑하라
빨갛게 물이 드는 노을로 비상하며
하늘로 날아올라라 마음일랑 비워라

수평선 수직선은
외로움 말을 하는
반복이 될 수 없는 부동의 존재들이
혼자서 살아야 한다 큰 울림이 들린다

하늘과 너른 바다
맞닿는 맨살 감촉
새싹이 눈이 터서 파랗게 자라난다
사랑이 번지는구나 출렁이는 파도에

흠뻑 젖는 존경심

국민과 세계인들
박수로 퇴임하네
십육 년 정상들과
현안을 이끌었던
앙겔라 메르켈 총리 장수 비결 청렴함

동독산 여성이자
과학자 드문 이력
정치가 이십팔 년
순리를 추구하고
친인척 이름은 없어 우리와는 다르네

소박한 재킷 패션
튀지 않는 태도에다
차분한 설득으로
정상들 좌지우지
그녀의 모습을 보며 흠뻑 젖는 존경심

세밑

가는 것 아니고요
오는 것 아니더라

악한 이 선해지고
착한 이 익어가네

더불어
물렁물렁한 부드러운 표정들

우주의 별들이나
사람도 변화하고

별빛이 사라지면
어두울 뿐이니라

희망이
아름다운 꽃 내가 사는 세상에

2

따순 밥 한술

보편적 인권 문제
생각을 하지 않고
한국의 경제생활 가능한 일이 될까

내 입에
따순 밥 한 술 들어오기 쉬운가

작은 산 너머엔 큰 산이

보이는 것들만이 세상의 전부인 듯
말하고 생각하며 행하는 어리석음
배우려 하지 않아서
마음 닫힌 옥살이

나만이 옳다 하는 연결을 끊는 것이
싸움질 세상에서 숨 쉬는 구멍이다
작은 산 너머 저 너머
거대한 산 있지요

타인을 존중하고 받드는 연대감과
필요한 존재 되자 일관된 삶의 태도
시공을 초월하는 눈
내 이야기 천천히

호남 의병 어등산 전적지

잉어가
용이 되어 승천한 산이어라
견훤과 왕건 전투 이태조도 지켰고
일제기 항일의병들 대격전을 벌인 곳

병사는
죽을 곳에 웃음을 머금었다
국가의 안전보장 경각에 달렸는데
남아가 어찌 앉아서 나라 멸망 볼까나

천수백
전투에서 전사자 셀 수 없어
어등산 골짜기와 등성이 곳곳에는
나라를 위해 순국한 선열 넋이 잠자네

과거의
역사 안고 현실로 존재하는
선조의 애국혼을 후대에 전하는 게
현대를 살아나가는 어른들의 임무다

양날의 칼

사람은 너나 없이
말하며 살아간다
가벼운 말 한마디
가볍지 않으리니

아픔을 치유하면서 독일 수도 있어요

소통의 수단이며
불통인 양날의 칼
말과 글 함께 하여
가지는 힘이지요

언어는 자화상이고 빛이 되어 비추네

상대를 끌어안아
통하는 전자석이
튕겨서 나아가는
용수철 되느니라

자신의 언어습관이 끌어안아 튀는가

이러한 모든 사람
저러한 말들 하고
팔 없는 사람에겐
반팔도 상처 주니

사회의 언어감수성 높아져야 하지요

따순 밥 한술

김 양식 고기잡이
힘들고 고달픈 일
어촌에 사람 없어 해외에 손 빌린다

내국인
낮은 임금에 올 사람이 없으니

축산이 전원생활
목가가 아니어서
외국인 노동자들 전담이 되다시퍼

일손이
수그러지니 어이할꼬 어이해

보편적 인권 문제
생각을 하지 않고
한국의 경제생활 가능한 일이 될까

내 입에
따순 밥 한 술 들어오기 쉬운가

색에 대하여

푸르른 저 바다는
푸르지 아니하고
광부와 카우보이
폼 나는 작업복은

젊은이 청바지에서 파란색이 나른다

초록빛 생명체는
어느새 시드나니
빛나는 눈동자도
언젠간 흐리겠지

그래도 긍정의 의미 그린뉴딜 생긴다

인간의 색의 세계
바로 딱 그것만큼
무지개 너머에는
어떤 것 없느니라

갖가지 요란하여도 알고 보니 단순해

바람

바람아
불어오라
평화풍 몰아오라

너와 나
우리 살고
모두가 함께 살게

훈훈한
바람 불어라
뜨신 바람 불어라

유정*

고아된 어린 여식 데려다 길렀더니
예쁘고 착실하며 현숙한 재원이라
부인과 친딸 질투 속 아름답게 피었네

고교를 수석 졸업 유학 중 아프기에
찾아가 보살피니 헛소문 떠돌아서
교장직 내려놓아도 잦아들지 않았네

유언장 써논 후에 만주로 떠나기 전
아버지 꼭 한 번만 한 번만 안아줘요
자신도 딸인 제자를 사랑하고 있었네

물어서 찾아가서 죽음을 목도하고
얼굴에 볼 비비며 슬프게 통곡했네
쓰리고 아픈 마음은 지고지순 사제애

*이광수 소설

아파트 열풍

사는(buy) 집 사는(live) 집 중
누가 더 힘이 세나
개성이 사라지고
똑 같이 닮아가니
사람이
만든 아파트 사람 마음 빚는다

돈벌이 수단 되고
부자가 되고 싶어
비싼 집 부자들이
빈자를 눌렀어요
전국의
큰 아파트가 대통령을 뽑았다

속울음

괴질에
아프다는
소식에 볼 수 없어

빛나는
눈동자가
슬프게 떠오른다

마음엔
눈물이 줄줄
눈에서는 속울음

아름다운 주고받기

칭찬과 상을 받고
선물은 기쁘지만
받아도 될까 보나 과하면 낭피여라
쉽지만 않은 일이네 신경 쓸 게 많으니

주는 일 마찬가지
잊으려 애를 쓴다
준 만큼 받았으면 바랄까 걱정되어
주어서 기쁨 넘치면 어렵지만 고와라

다시 나를 부르네

- 싱 에게인 2

동굴에 잠자다가
나오는 사자들이
기다가 벽 오르고 춤추고 노래하네
대낮에 천둥소리가 먹구름에 소나기

안 튀는 사회자의
부드런 행사 진행
시원한 가창력과 통통 튄 재미에다
심사자 애잔하다는 표정들에 감동이

나만의 애매함과
표현의 쏠쏠함이
무명의 가수들의 진솔한 인생 얘기
감성을 건드린거죠 신이 주신 목소리

다양한 색깔 장르
아우른 심사석은
다양한 시각 청각 흥미론 지적이라
얼마나 재미있는지 다음 주를 기다려

살맛 나는 풍류대장

가슴 속 응어리를
풀어낸 소리꾼들
가수가 눈물 흘려 심사자 눈에 이슬
출연진 다 함께 우니 안 우는 이 없어라

공간을 목소리로
채우고 지배하니
한 소절 혼 빠지고
두 소절 넋 나가네
마지막 라운드에는 내 이야기 하리라

아버지 앞 못 보고
어머니 저 세상에
버얼벌 손을 떨며 이 곡을 썼었다오
구슬픈 악기 소리에 오래도록 여운이

슬퍼서 울게 하고
기뻐서 웃게 하네
베풀어 주신 은혜 갚고야 말겠어요
국악인 외로운 길을 풍류대장 살리네

대멸종이 눈앞이다

산불에 가뭄에다
대홍수 일어난다
남 빙산 갈라지고 북 동토 녹아난다
최대의 산호초 지대 십 년 동안 절반멸折半滅

도처에 식량 위기
갈등이 이어지고
학자들 경고했던 독감이 나타났다
강력한 온실 기체인 탄산가스 때문에

지구가 지난 세월
경험치 못했는데
전조등 고장 나고 협곡에 낙하 직전
전례가 없는 기후에 대멸종이 보인다

앞으로 십여 년이
결정적 시기이다
탄소를 줄인다면 복원이 가능하니
생태계 희생 강요한 경제성장 숙고를

피하고 포기하면
문제가 악화된다
정신을 집중하여 똑바로 바라보자
후손들 멀리 보아라 긴박하다 여러분

문제는 행동이다

뜻 깊은 일들이니
정의를 외쳐 주오
세상의 모든 생명 위험에 처해졌네
기후를 바꾸려 말고 이 세상을 바꿔라

여성들 경고하네
당장에 행동하라
기후주 참여 요청 간곡한 메시지다
풀뿌리 주민조직과 일반 시민 합하자

재난이 심각해도
정치인 요지부동
에너지 위기 퇴행
녹색이 긴급하다
생태계 보존하려면 연대하여 실천을

그들의 일 아니라
우리들 일이느니
소수가 일어나면 변화가 가능하다
구경만 할 게 아니다 문제 보며 행동을

온라인

좋아요, 싫어요로
구별한 온라인은
괴짜로 태어나고
성자로 나지 않아
공감할 가치 있는지 어떤 조건 요할까

나와 내 주변에만
찬성표 과잉 현상
본능적 감정만은
편향된 느낌이라
그럴 땐 의도적으론 선택하지 말지니

사회는 더욱 많은
배려가 요구 된다
좋아한 사람에만
선호를 하지 말고
하찮은 사람들에게도 관심들이 필요해

뇌과학의 과제

뇌과학 현시대는
멀찍이 나아간다
마비된 환자들을
손 펴고 걷게 한다

외골격 로보트부터 뇌 조종의 기술로

우리가 지금 시대
여기에 있는 것은
인류가 이뤄내 온
선택의 총합이니

모두가 가지고 있는 인류생존 문제다

한계를 뛰어넘는
위험한 뇌과학은
관념과 현상식을
흔드는 것이란다

어떻게 받아들일까 생명윤리 답이다

3

야생화의 향연

과유면 불급이요
비우면 채워진다
눈에 다 담지 못해 안타울 뿐이로다
인연은
받아들이고 붙잡은 건 놓아라

야생화의 향연

드넓은 산야에는
야생화 향연이다
연분홍 꽃무릇과 노오란 금계국들

이름도
없는 꽃들이 온 산천에 피었네

이파리 호위 받아
호화궁 내부에서
벌 나비 같이 산다 자연계 인연 따라

오묘한
꽃들이 가득 환상적인 조화라

과유면 불급이요
비우면 채워진다
눈에다 담지 못해 안타까울 뿐이다

인연은
받아들이고 붙잡은 건 놓아라

은빛 억새 품어 안고

이삭들 일렁임은
그대로 물결이고
바람이 불 때마다 황갈색 출렁이니
스치면 서걱서걱한 낭만이다 멜로디

연약한 몸통들의
맨몸이 흔들흔들
임 그린 젊은 여인 머플러 하늘하늘
하얗게 부서지다가 반짝반짝 빛난다

봉우리 펼쳐지고
어여쁜 고운 단풍
억새도 어우르니 경취가 따로 없네
설렘을 마음속에다 품어 안고 온단다

흐름에 대하여

문명이 태어난 곳 식수가 있었다네
물에서 태어나서 물 채운 손끝으로

사람이 어울리면서
시시각각 변한다

물살이 느리다면 무겁고 깊을 터니
깊고도 느린 물에 뒤섞인 탁한 물은

서서히 밑바닥으로
가라앉을 것이다

멈추어 있을 때는 보이기 시작하고
느린 물 스스로를 돌아볼 시간 준다

물의 힘 일렁거리는
찬란한 빛 느낀다

금당산*

무등산 근원 정기
분적산 받아내서
음기에 맞서도록
금당산 이었는데
태현사 옆 옥천사에 본존불을 모셨네

음기의 옥녀봉에
금당이 맞서다가
경기장 가세하여
기적적 축구 4강
균형이 맞아떨어진 명명백백 증거네

쾌적한 산책로에
나누는 정담으로
화합과 조화로움
전통을 이어보세
푸른 숲 시원한 공기 보석 같은 재산을

*광주광역시 서구에 있는 산

삼각산*

뿔 세 개 달린 소를
보신 적 있으시나
어떠한 느낌이고 어떠한 모습일까
전에는 본 적 없어서 이상스럼 느낄걸

들에서 일을 하고
쌀가마 싣고 오며
다리도 아프고요 배 또한 고팠다오
음무우 문좀 열어 줘 울다 지쳐 죽었네

쌀에서 바구미가
주인집 먹어치고
소 몸통 머리 부문 전부를 감쌌어요
사람들 돌을 하나씩 쌓았으니 삼각산

*광주 북구에 있는 산

가벼워라 전평호*

개나리 진달래가
소담히 피었더니
황매화 피어나고 명자꽃 미소 짓고
부들과 갈대 호위 속 연꽃잎이 피었네

물로써 농사짓게
회재님 축조하고
양식을 지원하신 높은 뜻 계승하니
전평호 인공섬 안의 수월당에 감사를

분홍빛 드레스로
자태는 우아하고
홍련꽃 잎 위에는 물떼새 한 마리가
물고기 낚아채려고 이 순간을 엿보네

시간의 부표 같은
큰길을 거닐면서
모두를 감싸는 꽃 속에서 머물다가
전평호 그 물빛 속에 삶의 무게 가볍네

* 회재 박광옥 선생이 축조한 광주광역시 서구에 있는 호수

천지인 소통의 길*

하늘과 땅의 기운
세상에 내려와서
시와 풀 나무들이 다 같이 아울리는
소통의
길을 걷는다 느릿느릿 걷는다

나무와 숨을 쉬며
길 따라 거닐다가
길 위에 내려놓고 한순간 쉬어가면
겸손에
인내와 기쁨* 맥문동이 반긴다

붉은빛 전령사인
꽃무릇 함께 하여
내뱉는 들숨 날숨 천천히 걷다 보면
푸르른
메타세쿼어 도심 속을 채운다

* 천지인 소통의 길(광주 북구 문흥동에 4.73km 길)
* 겸손 인내와 기쁨의 연속(맥문동 꽃말)

내 고향 고샅길

마삭줄 구기자와 탱자목 울타리에
씀바귀 질경이와 뚝새풀 함께 살던
새하얀 연기 감도는 눈이 익은 고샅길

여름엔 풀을 매어 깨끗이 청소하고
가댁질 숨바꼭질 딱지를 치면서
물오른 버드나무로 호드기를 불렀다

조붓한 초가집들 멍하니 들어선 곳
아이들 노는 소리 살아서 가득하고
산이며 널따란 들판 온 동네가 놀이터

어디에 서 있으나 맑고도 푸른 하늘
아무런 꺼림 없이 통하는 고샅길은
어울려 사랑하는 길 자유로운 쉼터라

홍도 낙조

서해안 너른 하늘
앞에서 바라보니
황금빛 무지개가 수면에 걸리면서

흰 구름
벌겋게 취해 물이 들고 있어요

지는 해 잦아들어
해면에 비춰드니
잔물결 불이 붙어 빨갛게 달구었네

홍도의
찬란한 경치 그림같이 빛난다

마지막 힘 쏟으며
수평선 걸리면은
빠지는 빛을 받아 잔잔한 미풍 속에

여인의
머리카락은 금빛으로 춤춘다

노을

태양이 떠오르면
동에서 태어나서
서서히 달아올라 하얗게 작렬하고
천천히
식어지다가 온 힘으로 밝혀라

시간이 많지 않아
어여쁜 마무리로
한발씩 내디디며 여유를 느끼면서
세상일
잊을 수 있어 담담할 수 있어라

알차고 부지런히
열심히 살아보다
마지막 남은 숨을 거칠게 몰아쉬네
뱃머리
빨갛게 타니 내 마음도 타더라

지리산 일곱 암자길

부처님 오신 날에 내딛는 성지 순례
지리산 일곱 암자 찾아간 산행이다
함양군
음정 마을의
들머리에 첫걸음

지리산 종주하다 가운데 도달하니
여인의 허리처럼 대등한 아름다움
벽소령
바로 앞에서
사람들을 꼬이네

웅장한 자태 보는 한 걸음 또 한 걸음
하늘을 쳐다보고 연잇는 삼정능선
숲속의
탐방로라네
올내리는 재미라

오솔길 순례길이 행복의 길이어라
마음에 무엇인가 떨구고 싶었지만
사람은
원래 그렇게
사는 것이 아닌가

우리 고향 당산나무

팔들을 높이 들어 하늘로 솟아 있지
하늘과 땅을 잇는 기도의 통로였네
십여 개 정자나무 중 가장 연세 많았다

내 고향 당산나무 고목에 가지 뻗어
해마다 봄이 되면 새잎이 솟아나니
고향아 향우들이여 보고 싶은 얼굴들

청년들 직장 따라 도시로 가버리고
동각은 노쇠하여 저승에 가게 되니
경노당 새로 지어서 마을 안에 옮겼지

사람들 떠나가고 동각도 사라지고
애간장 들어내고 가슴은 텅 비어도
연세가 얼마이신지 알 수 없는 큰 몸통

우리들 정신적인 지주가 되어주소
후손들 많이 나와 마을이 번창하게
천만세 살아주소서 억겁 년을 사소서

지구의 경고

오존층 파괴 되고
지구가 몸살 나니
역대급 무더위와 기록적 대폭우는
인간과 생물들에게 큰 위협을 끼치네

대홍수 긴 가뭄에
물 순환 변화 오니
더 이상 못 버텨서 보내는 경고라네
국가의 급 재난 사태 약소국들 보아라

일 도가 올라가면
우림이 절반 줄고
이 도가 오른다면 생태계 고장 나며
삼 도가 오를 경우 아마존 붕괴 되리

해수면 상승하여
국토가 물에 잠겨
재산과 인명 피해 남의 일 아니라네
지구의 환경 살리려 온 인류가 나서라

도시

대도시 온열 폭염
열섬이 생긴 때문
식물은 수분 소진 기온이 낮아지니

도시의 눈부신 성장 기온상승 주원인

강수량 감소하고
기온을 끌어올려
온난화 증발량은 늘어난 원인이니

도시는 큰 사막으로 변해갈지 모른다

고드름

세월이 하 수상하니
감정이 얼어붙어

처마에 주렁주렁
산천이 거꾸로라

햇빛은 뭐라고 해도
영롱하게 빛나네

꽃샘추위

강추위 닥쳐오니
감기를 조심하세
출입을 삼가세요 호들갑 떨고 있다

오는 봄
가릴 수 있나 재 너머에 훈풍을

할 말을 다하겠다
어거지 떼를 쓴다
개화를 시샘하여 코끝이 꽁꽁 얼어

순리를
어찌 막으랴 자기풀에 꺾인다

날리는 눈보라도
놔두고 보고 싶다
피어난 이파리들 솟아난 꽃잎들이

저절로
얼굴 내밀며 오는 손님 맞는다

초록

회색 꿈 깨어보니
연두색 희망 보고

연노랑 진빨강에
탄성은 순간이다

초록빛
세상 열리니
어머니의 품속이

풋감

오뉴월
떨어진 감 소중한 간식이라
하나둘 떨어지면 씁쓸한 아이들이
맛있어 먹는 게 아니라 심심해서 먹었네

벌레가 살을 물어
풋감 따 문지르면
요긴한 단방약제 부기가 나았는데
풋감들 요란하여라 용산에서 여의도에

복더위
이겨내고 태풍을 견뎌내며
햇볕에 바람 쐬고 냉수를 들이마셔
분홍빛 꽉 찬 열매의 맛과 색이 말하리

촛불 맨드라미

닭 벼슬 쓰다듬어
촛대를 세워놓아

붉은 불 함께 밝혀
어둠을 이겨내고

시들지
않는 사랑으로
건강 영생 원하네

봄

햇볕에
복수초가
병아리 사뿐사뿐

흙속에
부추싹이
비 맞고 입술 벙긋

생명이
약동하구나
불러주니 설렘에

백합

색깔로
표현하고
꽃술로 말하리라

바람에
춤을 추고
나팔로 노래하리

내 님을
부르는 소리
찬미하는 노래를

해오라비난초

신선이 타고 가는
학 같은 새하얀 꽃

예쁘다 못하여서
묘하고 신기해요

꿈에서
만나고 싶은
향기로운 오라비

어느 쪽 향해 볼까
곰곰이 생각하네

내 님이 살고 있는
남쪽 땅 저 멀리로

훨훨훨
날고 싶어라
그리움을 삼키네

매미 우화

우화한 날갯죽지
빛나는 신비로움

오가는 한 생애가
어여쁜 신성이여

일곱 날
살기 위해서
일곱 해를 버텼네

찬란한 그 광경을
좀처럼 볼 수 없네

사람 눈 피하여서
새벽에 변장하고

하늘 땅
사람들에게
무언가를 구하네

범부채꽃

범 무늬 선명하게
하늘을 쳐다보네
넓은 칼 잎사귀들 부챗살 펼쳐보네
바람에 흔들거려야 꽃이라며 부채가

특이한 자태에다
호방한 잎과 줄기
황적색 바탕에다 나타난 붉은 반점
범 무늬 뚜렷하여라 레오파드 릴리(leopard lily)여

마타리와 뚝갈꽃

여름은 거의 가고
가을이 찾아오면
아래쪽 기다랗고
위쪽은 짧게 피니

바람에 뒤집어 놓은 우산 모양 이뤄요

억세고 거친 털에
새하얀 뚝갈꽃과
황금색 부드러운
존색시 마타리는

남매라 표현하는 게 적절하지 않나요

뻐꾹나리

갈맷빛 숲속에서
가녀린 꽃대 달고
꽃잎이 하늘하늘 용솟음치는구나
가을빛 낚으려는가 여인 마음 안으려

초가을 접점에서
귀한 손 영접한다
귀하신 분이라고 설레어 조심조심
자태가 예뻐 고우니 이 마음 어쩔까

뻑뻐꾹 노랫소리
은은히 들려오네
정겹고 상쾌하고 풋풋한 꽃향기가
일상의 분심 날리니 느긋하고 편하다

4

꽃처럼 예쁘게 영원 속으로

주님과 인간에게
진솔한 마음으로
자선을 베풀면서 예수로 살았으니

꽃처럼
예쁘고 곱게 영원 속에 갔어요

꽃처럼 예쁘게 영원 속으로

- 헨델을 기리며

연말에 공연되는 헨델의 메시아는
예수의 한 생애와 구원을 그린 작품
계절에 어우러지는 최상급의 명작품

실명과 뇌졸중에 우울증 겹쳤지만
마지막 순간까지 담담히 살았어요
삼손의 노래 울리자 눈물방울 쏟았네

메시아 최초공연 대성공 거뒀지만
자신은 수익금을 한 푼도 받지 않고
수감자 구제협회와 자선병원 두 곳에

겸허히 맞이하는 인생의 마지막은
전 재산 기부하고 유품은 하인에게
금요일 작별 인사를 나누고서 천국에

주님과 인간에게 진솔한 마음으로
자선을 베풀면서 예수로 살았으니
꽃처럼 예쁘고 곱게 영원 속에 갔어요

생명의 빵

일백 년 묵은 산삼
먹을 땐 경건하게
꼬옥꼭 씹어 삼켜 몸 안에 배어들듯

산삼은 먹지 않는다 모종 심듯 모신다

하늘에 뿌리 박힌
생명의 빵이라네
네 목숨 살게 하는 너희들 육신이다

나의 빵 먹지 않는 것 몸 안으로 심는다

정성껏 많은 수확
거둘 수 있으니라
게으름 피우면은 소출은 눈곱 같아

깨어라 주님 성령을 슬프게는 말아라

마음 다해 예수님을

예수님
'회개하고 복음을 믿어봐라'
요한도
'회개하고 세례를 받아봐라'
자신의 마음을 다해 하느님을 맞는다

초면에
생명 말씀 들은 적 없었기에
믿음에
어려움을 겪기도 하겠지만
자신의 모든 걸 걸고 예수님을 닮아라

모른다
하지 말고 어렵다 하지 말고
실천할
결심 따라 묵묵히 행하면서
예수님 가시는 길을 따라가는 신앙인

자선 주일

싸두는 것보다는
자선을 베풀어라
그러면 모든 것이
희고도 맑게 되리

회개에
합당한 열매 하늘에다 쌓아라

지속적 자선활동
참회의 과실이고
이웃에 대한 사랑
하느님 은총이니

후원을
결심하면서 하느님을 맞아라

천주의 성모대축일

인간사 모든 은총
하느님 주시느니
크나큰 축복기도
살아서 움직인 것

핵심은 존재하느냐 존재하지 않느냐

좋은 일 있었으며
나쁜 일 있었으나
감동한 오장육부
사색에 성찰하는

성모님 걱정보다는 미래 희망 보시네

선물로 주신 올해
축복의 시간이네
성심껏 생각하며
살도록 해야겠네

올해를 거둬 가시어 오는 해를 만나네

버팀목

가난한 우리 부모
팔남매 떠받았네

굶기지 않으시고
바르게 키우시니

영웅이
따로 없어요, 나폴레옹 넘겼네

세월이 흘러 흘러
부모가 되고 보니

튼튼한 우리 자녀
우리 집 버팀목들

하느님
은총 아니면 이런 행복 누릴까

빗장

코로나 감염되어
대문에 빗장거니

표정도 내 영혼도
저절로 굳어진다

기도와
대화 단절이 그게 바로 옥살이

먹고서 먹고 자고
밥과 약 먹고 자고

이 주일 지나서야
닫힌 문 열리도다

자유다
평화와 함께 겸손하게 살리라

기도

기도는 하느님과
소통의 대화이니

쌍방의 이야기로
안녕을 바라는 것

핵심은 하느님과 나 모든 이웃 위하여

성숙한 자녀들은
소원만 말하잖고

부모님 뜻 받들어
소중히 실천하니

믿음을 갖고 열심히 두드리고 청하라

소탐대실

허무다 허무로다
모든 것 허무로다
지식과 큰 재주를 가지고 애쓰고도
제 몫을 이방인에게 넘겨주는 사람은

현세적 모든 욕심
신처럼 숭배하니
아무리 부유해도 탐욕을 경계하라
생명은 가진 재산에 달려 있지 않으니

소유냐 존재이냐
소유 전 존재한다
향유도 할 수 있고 공유도 할 수 있어
하느님 품안에 안긴 사람만은 복되다

탐욕을 경계하라

네 곡식 마음대로 치우면 안 되느니
생명은 재산 앞서 있지가 않으니라

너희는 주 하느님을 기억해야 하니라

가진 것 팔아서도
자선을 베풀어라
축나지 않는 보물 하늘에 마련하라

도둑이 갖지 못하고 좀이 쏠지 않는다

오늘 밤, 네 목숨을
되찾아 갈 것이다
너희가 마련한 것 누구 것 되겠느냐

부자는 하느님 앞에 어리석은 자니라

잡초

잡초는 추수할 때
불 속에 던져지니

가라지 아니라도
성정이 나쁜 사람

꽃 없이
크는 나무는
불바다에 던져라

진품과 짝퉁

겉모습 화려하게
물건들 넘쳐난다
진품을 구별 못한 세상에 살면서도

선진국 반열이라니 서글퍼라 쓴웃음

가시가 포도 맺고
엉겅퀴 열매 맺듯
양의 옷 걸쳐 입은 이리를 몰라보고

모래에 지은 큰집에 이리 끼웃 저리 꿍

풍경소리

고요한 산사에서
풍경음 들으면서

맑고도 투명하게
마음을 다스린다

중생들
춤사위 속에
깊은 사색 빠진다

일렁인 온 잡념을
앉히고 정좌하네

잔물결 큰 물결이
끊임이 없어져도

잔잔한
부처님 속에
빠지고만 싶어라